WARUM ICH WEIHNACHTEN HASSE

Bibliografische Information der Deutschen Nationalbibliothek

Die Deutsche Nationalbibliothek verzeichnet diese Publikation in der
Deutschen Nationalbibliografie; detaillierte bibliografische Daten sind
im Internet über http://dnb.dnb.de abrufbar.

Anmerkungen und Anhang: Harald Gschwandtner
Umschlagbild: Trimming the Tree by George Hughes
Umschlaggestaltung: BoutiqueBrutal.com
Druck und Bindung: GGP Media GmbH, Pößneck
ISBN 978-3-99027-285-5

ROBERT BENCHLEY

Warum ich Weihnachten hasse

aus dem Amerikanischen
von Thomas Bodmer

JUNG
UND
JUNG

Richtiges Weihnachten
nach altem Brauch

An jedem Weihnachtsfest, gerade wenn die Sache so langsam Fahrt aufnimmt, schließt früher oder später jemand seine Augen, legt den Kopf in den Nacken und seufzt: »Ach, es ist einfach nicht mehr so wie früher. Richtiges Weihnachten nach altem Brauch scheint es heute nicht mehr zu geben.« Worauf aus meiner Zimmerecke dann ertönt: »Stimmt, und das ist gut so.«

Was genau sie meinen, wenn sie von »Weihnachten nach altem Brauch« reden, darauf lassen sie sich nie festlegen. »Unmengen Schnee«, murmeln sie, »und Unmengen zu essen.« Dabei kann man, wenn man es nur richtig anstellt, auch heute zu viel Schnee und zu viel Essen kommen. Na ja, viel Schnee auf jeden Fall.

Außerdem spukt in den Köpfen herum, dass man Weihnachten nach altem Brauch nur auf dem Lande feiern könne. Und egal, ob man auf einem Bauernhof aufgewachsen ist oder die Vorstellung von Weihnachten auf dem Lande von Bildern aus *Harper's Young People* herrührt – man muss den Leuten

7

klarmachen, dass man als Kind seine Feiertage in einer solchen Umgebung verbracht hat. Und dass, ach, ja, diese Zeiten unwiederbringlich vorbei sind.

Nehmen wir an, Ihr Wunsch geht eines Tages in Erfüllung. Nehmen wir an, die Verwandten Ihrer Frau aus East Russet, Vermont, schreiben Ihnen und laden Sie ein, sie zu besuchen und die Kinder mitzubringen für ein richtiges Weihnachten nach altem Brauch, »solange wir alle noch da sind«, wie sie mit ihrem untrüglichen Gefühl für gute Stimmung fröhlich ergänzen.

Hurra, hurra! Hinaus aufs Land zu Weihnachten! Packt alles ein, was es in eurem Haus an warmer Kleidung gibt, denn ihr werdet sie brauchen dort, wo die Luft so kalt und sauber ist. Schneeschuhe? Ja, mit einpacken, oder noch besser: Daddy soll sie tragen. Ach, macht das Spaß! Nehmt auch ein paar Schlittenglöckchen mit zum Klingeling-Machen, für den Fall, dass es am Schlitten zu wenige gibt. Ein Klingeling ist unabdingbar. Ebenso wie Whisky gegen Frostbeulen. Oder braucht es den eher gegen Schlangenbisse? Wie auch immer, hinein damit! Los geht's! Auf Wiedersehen, auf Wiedersehen! KLINGE-LING-KLINGELING-KLINGELING-Klingeling-Klingeling-Klingeling!

Um nach East Russet zu kommen, müssen Sie den Vermont Central nehmen bis Twitchell's Falls, dort umsteigen nach Torpid River Junction, von wo aus Sie auf einem Nebengleis direkt nach Gormley gelangen. In Gormley erwartet Sie ein leichter vierrädriger Pferdewagen, der Sie erneut nach Torpid River Junction bringt. Unterdessen ist ein Zug oder sonst was eingetroffen, der den Regionalzug aus Besus abwartet. Das lässt Ihnen genug Zeit, um Ihren kleinen Jungen in die Schule zu schicken, wo er die dritte Klasse abschließt.

In East Russet holt euch Opa mit dem Schlitten ab. Das Gepäck wird aufgeladen, Mama setzt sich nach vorne mit Lester auf dem Schoß, Daddy setzt sich mit Junior und Ga-Ga hinten zum Gepäck. Hü, Esther-Mädel!

Esther-Mädel macht Hü, und zwei Koffer fallen aus dem Schlitten. Ach herrje! Da heißt es absteigen, die Koffer aufheben und den Schnee abwischen, der einem dabei in den Ärmel geraten ist. Was gibt es Schöneres als Schnee im Ärmel? Guter, sauberer Schnee hat noch keinem geschadet. Zum Glück, denn nach ein, zwei Kilometern stellen Sie fest, dass Ga-Ga fehlt. Macht nichts, sie ist ein selbständiges kleines Mädchen und wird den Weg zum Bauernhof bestimmt von alleine finden.

Wahrscheinlich wird sie dort schon auf Sie warten, wenn Sie eintreffen.

Der Bauernhof liegt auf einem Hügel elfhundert Meilen vom Stadtzentrum entfernt, also kurz vor Kanada. Weht im Winter eine Brise, dann spürt man die hier. Aber was macht schon eine Brise, solange man im Vorderzimmer einen Ölofen der Marke Little Colonel hat, der im Umkreis von vier Inches alles warm und gemütlich macht. Und dann der große offene Kamin, durch den die Kälte hereinfährt. Was für ein Spaß!

Sie steigen vor dem Bauernhaus vom Schlitten, leicht humpelnd, weil die Reisedecke verrutscht und Ihr rechtes Bein gefroren ist. Oma wartet schon in der Tür, alle drängeln hinein, strahlend vor guter Laune. »Frohe Weihnacht, Oma!« Lester ist verstimmt, und Junior schläft und muss die Treppe hochgeschleift werden, wobei er gegen jede Stufe schlägt. Es ist so spät, dass Sie beschließen, jetzt alle zu Bett zu gehen, zumal Sie erfahren haben, dass es um halb fünf Frühstück geben wird. Normalerweise gibt es das um vier, aber an einem Feiertag wie Weihnachten, da gönnt man sich was und schläft aus.

Oben am Ende der Treppe angekommen, geraten Sie in einen Luftzug, der Sie an eine wohltemperierte Gruft gemahnt. Sie befinden sich damit in der Schlafzimmerzone, in der das Thermometer vom fünfzehnten Oktober bis Mitte Mai die Nullmarke nie überschreitet. Die Zimmer, in denen nicht geschlafen wird, werden zur Aufbewahrung von leicht verderblichem Obst und Gemüse benutzt, wobei die Tomaten und Birnen regelmäßig mit sanftem Fingerdruck überprüft werden müssen, damit sie nicht zu hart werden und Risse bekommen.

Bevor man in einem von Opas Schlafzimmern ins Bett schlüpft, geht man am besten wie folgt vor: Vom Fuß der Treppe, wo es warm ist, rast man zwei Stufen auf einmal nehmend hoch, um den Blutkreislauf in Gang zu halten. Die Zimmertür mit einer Hand öffnend, reißt man mit der anderen die Vorhänge von den Fenstern, schnappt sich die Teppiche vom Boden und die Tagesdecke von der Kommode. Man häuft alles auf das Bett, legt die Schranktür, die man aus den Angeln gerissen hat, oben drauf und wirft sich darunter. Manchmal kann es hilfreich sein, Galoschen über die Schuhe zu ziehen.

Doch auch wenn Sie sich jetzt im Bett befinden, ist das noch keine Garantie dafür, dass Sie einschlafen können. Opas Matratzen bestehen, so hat es den Anschein, aus Silage: Maishülsen, Ofenkartoffelschalen und länglichen drahtigen Dingern, die sich wie Pfeifenreiniger anfühlen. Sich in einer kalten Nacht in diese hineinzukuscheln, ist ungefähr so heimelig, als kuschelte man sich draußen im Wald in einen Haufen klammer Tannenzapfen.

Und dann tut sich da einiges im Haus. Kurz nachdem Sie sich ins Bett geflüchtet haben, knarrt die Treppe. Gleich darauf läuft etwas über Ihnen übers Dach. Sie sagen sich: »Dussel, das ist der Weihnachtsmann.« Dann läuft es hinter dem Kopfende des Bettes in der Wand. Das tut kein Weihnachtsmann. Im langen Flur, der zum Flügel des Hauses führt, seufzt der Wind, und ab und zu schlägt tröstlich eine Tür zu.

Dicht unterhalb des Fenstersimses stirbt unüberhörbar jemand eines qualvollen Todes. Es ist ein leises Stöhnen, mit einem Hauch von Erdrosselung. Vielleicht ist der Weihnachtsmann vom Dach gefallen. Vielleicht ist aber auch etwas dran an der Geschichte, dass Opas Haus einst der Treffpunkt revolutionärer Schmuggler war, und einer der Schmuggler ist zurückgekehrt, um seinen vergessenen Regenschirm zu holen. In so einem Fall hilft nur eines: sich die Bettdecke über den Kopf zu ziehen. Doch die Kinder haben Angst und möchten nach Hause, und so muss Opa gerufen werden, damit er erklärt, dass das nur Blue Bell draußen im Stall ist. Blue Bell hat Asthma, und in kalten Nächten muss man Geduld mit ihr haben.

Der Morgen des Weihnachtsabends graut bewölkt und kalt, es sieht nach noch mehr Schnee aus, und was wäre denn Weihnachten ohne Schnee? Sie bleiben mehr als eine Stunde lang im Bett liegen und überlegen, wie Sie aufstehen könnten, ohne sich Ihrer Umhüllung zu entledigen. Ein Blick auf den Wasserkrug zeigt, dass man jetzt auf dem See unbesorgt Schlittschuh laufen gehen kann. Sie denken an Ihr wunderbar warmes Bad zu Hause und beschließen, sich erst zu rasieren, wenn Sie wieder dort sind.

Das Aufbrechen des Eises im Wasserkrug scheint ein fester Bestandteil der Jugendjahre großer Männer zu sein, auf den sie immer mit großer Befriedigung zurückblicken. »Als Junge musste ich jeden Morgen das Eis im Wasserkrug aufbrechen, um mich waschen zu können«, wird mit ebenso viel Stolz gesagt wie: »Als Junge war ich Klassenbester.« Was daran bemerkenswert sein soll, ist nicht ganz klar. Vielleicht, dass sie sich die Mühe gemacht haben, sich überhaupt zu waschen? Wenn ich jedenfalls, um mich waschen, erst das Eis im

Wasserkrug aufbrechen muss, dann lasse ich das Waschen sein. Basta. Da können sich Benjamin Franklin, Ulysses S. Grant und Rutherford B. Hayes auf den Kopf stellen und mit dem Allerwertesten Mücken fangen. Ich bin doch nicht blöd.

Es macht einen Heidenspaß, die Kinder anzuziehen, wenn man ihre Glieder auf und ab bewegen muss, damit sie vor Kälte nicht erstarren. Die Kinder finden es allerliebst und sind so frisch und munter wie Wichtelmännlein, als es Zeit ist, nach unten zu gehen und Opa und Oma »Guten Morgen« zu wünschen. Auch wenn man meinen könnte, die Familienmitglieder seien blaugefroren und ihre Zähne klapperten beim Betreten des Esszimmers.

Nach dem Frühstück bemühen sich alle fleißig um das Abendessen. Dies könnte damit zu tun haben, dass die Küche der einzig warme Raum des Hauses ist. Doch nachdem so viele Kartoffelschalen, Truthahnfedern, Kürbiskerne und Teigreste in der Küche herumgeflogen sind, schicken die Frauen der Familie Sie und die Kinder in den Vorderteil des Hauses, damit Sie sich dort verlustieren (und ihnen aus dem Weg gehen).

Heißa, was haben Sie zusammen mit den Kindern und mit Opa für eine lustige Zeit! Sie können auf dem Rosshaarsofa hin und her rutschen, auf dem Klavier »The Wayside Chapel« spielen (durch die Verschnörkelung des Notenhalters schimmert gelblicher Stoff) oder aus dem Fenster hinausschauen auf zehn Meilen dunkelgrauen Schnees. Vielleicht gehen Sie sogar zum Stall hinaus, um den Pferden und Kühen einen Besuch abzustatten, aber wenn Sie so zwischen ihnen auf und ab gehen, beschleicht Sie das Gefühl, dass Pferde und Kühe einander doch recht ähnlichsehen. Zusammen mit der Kälte des Stalls gehen Ihnen auch die Gerüche von feuchtem Zaumzeug und muffigen Kutschenpolstern durch Mark und Bein.

Natürlich gibt es auch eine Bescherung, doch die ist nicht grundsätzlich anders als beim neumodischen Weihnachten, außer dass bei Weihnachten nach altem Brauch die Sache mit den Geschenken etwas simpler war: Kinder bekamen vor allem Fäustlinge und Schuhe geschenkt und, wenn es hoch kam, einen Schlitten. Während ein heutiger Junge nachmittags um drei seines elektrischen Getreidehebers und des Miniaturteichs mit echten Barschen schon überdrüssig geworden ist, konnte der altmodische Junge von Glück reden, wenn er das Buch *Seeschlachten des Kriegs von 1812* und eine Orange bekam. Genau dies wird oft als Beispiel dafür erwähnt, wie viel besser man die Dinge früher gemacht habe. »Ich sage dir«, raunt Onkel Gyp, »zu meiner Zeit haben Kinder nie solche Geschenke bekommen wie heute.« Und er scheint stolz darauf zu sein, als sei dies sein persönliches Verdienst. Wenn Kinder heute zu Weihnachten elektrische Getreideheber und Blechautos bekommen, warum haben sie es dann nicht so viel besser als ihre Großväter, bei denen es nur für Pulswärmer reichte? Lernen, mit Geld umzugehen, wie die Leute von der Früher-war-alles-besser-Fraktion immer wieder sagen, kann nicht der Sinn und Zweck von Weihnachten sein. Mit Geld umzugehen, kann man, wenn es dann so weit ist, in ungefähr fünf Minuten lernen, aber dazu ist Weihnachten nicht da.

Doch kehren wir zurück auf den Bauernhof, wo Sie, Opa und die Kinder die Zeit totzuschlagen versuchen. Sie können entweder Holz aus dem Schuppen holen, die Wasserpumpe auftauen oder die Bücher vom Bord über dem Schreibtisch lesen. Von diesen drei Möglichkeiten dürfte Holz zu holen am meisten Spaß machen, denn beim Auftauen der Pumpe kann man sich verbrennen, und an Lesematerial gibt es wenig mehr als *Leben und Taten von General Grant, Unser erstes Jahrhundert, Andys Reise nach Portland*, gebundene Jahrgänge der

Viehzüchter-Gazette und *Pferdekrankheiten*. Dann gibt es ein paar Bände von *Im trauten Lampenschein* aus den Jahren 1850 bis 1854 sowie Farbdrucke der Pläne der kommenden Weltausstellung in Chicago.

So jagt ein Spaß den anderen, bis Sie zum Abendessen gerufen werden. Und da gibt es wirklich nichts zu bemängeln. Bestünde ein altmodisches Weihnachten nur aus dem Abendessen ohne die altmodischen Schlafzimmer, die altmodischen Wasserkrüge und die altmodischen Lustbarkeiten, hätten wir ewigen Sauertöpfe keinen Bienenstich. Aber man sollte ein gutes Abendessen bekommen können, ohne dafür bis nach East Russet, Vermont, reisen zu müssen; und sollte dem nicht so sein, hätte unsere Zivilisation versagt.

Außerdem hat das Abendessen umso üblere Folgen, je besser es schmeckt. Denn seit es den Menschen gibt, neigt er dazu, sich zu überessen. So sitzen Sie also am Tisch, stopfen sich voll und sagen: »Ach, du liebes bisschen, danach werde ich kaum mehr gehen können. Also, nur noch etwas von dem dunklen Fleisch, bitte, Opa, und dazu von der Füllung. Oje, doch nicht so viel!« Und man hat hier ja nicht die Ausrede des Trunkenbolds, der, nachdem er sich ein paar hinter die Binde gegossen hat, einfach nicht mehr mitbekommt, wie viel er trinkt. Nein, Sie wissen genau, was Sie tun, und trotzdem tun Sie es und lachen darüber, auch auf die Gefahr hin, dabei zu platzen.

Und dann sitzen Sie und stöhnen. Wäre dies ein richtig neumodisches Weihnachten, könnten Sie ins Kino oder spazieren gehen oder eine Spritztour machen. Aber so richtig altmodisch ist es nur, wenn Sie zu Hause bleiben, denn in den alten Zeiten gab es weder Kinos noch Autos, und wenn man einen Spaziergang machen wollte, musste ein Helfer vorausgehen und mit der Schneeschaufel einen Tunnel graben. Wahrscheinlich kann man mittlerweile auf dem Land eine Menge unternehmen, und es gibt dort genauso viele Autos und elektrische Lichter wie in der Stadt, aber Weihnachten mit all diesen Verbesserungen könnte man nicht als »richtiges Weihnachten nach altem Brauch« bezeichnen. Das wäre Betrug.

Wenn Sie die Sache also absolvieren, wie es sich gehört, dann ziehen Sie sich nach dem Abendessen ins Wohnzimmer zurück und sitzen dort herum. Natürlich könnten Sie auch ins Freie gehen und im Schnee spielen, aber Sie wissen so gut wie ich, dass dies für kleine Kinder ganz nett, für über Dreißigjährige aber etwas anstrengend ist. Außerdem gehörte es sich doch für ein richtiges Weihnachten nach altem Brauch, dass es nachmittags um drei zu schneien begann, der Himmel sich in ein heiteres Blei verfärbte und ein fröhlicher Sturmwind um die Ecken des Hauses pfiff.

Nein, Sie müssen einfach drinnen sitzen bleiben, vor einem Feuer, wenn Sie unbedingt wollen, aber ohne sonst etwas zu tun. Die Kinder sind übermüdet und gereizt. Opa ist schläfrig. Jemand versucht, ein Gespräch in Gang zu bringen, aber alle andern sind dermaßen vollgestopft mit Essen, dass sie die Kinnlade nicht weit genug hinabklappen können, um etwas zu artikulieren. So stellt sich heraus, dass die Familie die am lautesten tickende Uhr der Welt besitzt, und gegen vier Uhr nachmittags bricht diese ihren eigenen Rekord. Ein stenografisches Protokoll der Geschehnisse sieht wie folgt aus:

»Uuaah, bin ich schläfrig. Ich hätte nicht so viel essen dürfen.«

»Ticktack, Ticktack, Ticktack, Ticktack...«

»Kommt einem vor wie ein Sonntag, nicht wahr?«

»Seht mal, Opa ist eingeschlafen.«

»Junior, hör auf, Opa zu zwicken. Lass ihn schlafen!«

»Ticktack, Ticktack, Ticktack...«

»Junior, lass Opa in Ruhe! Sonst fliegst du nach oben!«

»Uuaah!«

»Ticktack, Ticktack, Ticktack...«

Lauter und lauter tickt die Uhr, bis etwas in Ihrem Hirn zerreißt, Sie mit einem Schrei in die Luft springen und nach der Landung ein Familienmitglied nach dem andern erdrosseln, inklusive den schlafenden Opa. Als Sie Ihr Ende nahen spüren, werden Sie schlagartig überflutet von einer Fülle von Erinnerungen an Wärme: die heiße U-Bahn am Sonntag unterwegs nach Coney Island, Ihre Reise nach Mexiko, die Stierkämpfe in Spanien...

Sie stürmen hinaus in die Schneewehen und stürzen sich in diese hinein, bis Sie erschöpft darniedersinken. Einzig die Tatsache, dass diese Geschichte hier endet, verhindert, dass Sie erfrieren und am nächsten Tag eine Todesanzeige erscheint, in der steht:

»Jäh von uns gegangen in East Russet, Vermont, dahingerafft durch ein Weihnachten nach altem Brauch.«

Ein Weihnachtsnachmittag

In der Manier, wenn auch nicht im
Geist von Dickens

Was für ein Nachmittag! Mr. Gummidge sagte, seiner Ansicht nach habe es seit dem Bestehen der
Welt noch nie einen solchen Nachmittag gegeben,
wozu ihm Mrs. Gummidge und all die kleinen
Gummidges herzlich beipflichteten, von den Verwandten, die für diesen Tag aus Jersey hergekom-
men waren, nicht zu reden.

Da war zum einen der Trägheit. Und was für einer! Schwerer, erdrückender Überdruss, wie er sich
aus einer Speisefolge von acht Gängen ergibt, acht
dampfenden, saucentriefenden Gängen, gekrönt mit
Salznüssen, von denen die kleine alte Jungfer Gummidge aus Oak Hill sagte, wenn sie *ein*mal damit
angefangen habe, dann gebe es kein Halten mehr,
und so war es dann auch; ein schleppender, ent-
kräftender Überdruss, dessen Opfer im Salon nie-
dergestreckt herumlagen, als wären sie versteiner-
te Bewohner einer vor kurzem erst ausgegrabenen
pompejanischen Behausung; ein Überdruss, beglei-
tet von Gähnen, Knurren und nur schlecht verhüll-
ten Beleidigungen, der in der Sippe zu solch hefti-

gen Verwerfungen führte, dass sie das ganze frohe neue Jahr hindurch noch spürbar bleiben würden.

Und dann das Spielzeug! Drei und ein Viertel Dutzend Spielwaren für insgesamt sieben Kinder. Mehr als genug, um die kleinen Knirpse zufriedenzustellen, möchte man meinen. Was beweist, dass man ebendiese Knirpse nicht kennt. Herein kam der kleine Lester Gummidge, Lilians Sohn, mit einem elektrischen Getreideheber im Schlepptau, der von all dem Spielzeug leider, leider das einzige war, das auch Klein-Norman, dem fünfjährigen Sohn von Luther, der in Rahway wohnte, gefiel. Herein kam die wuschelköpfige Effie, in einen so verzweifelten wie heiseren Disput mit Arthur junior verstrickt, der die Besitzansprüche auf ein Zebra mit beweglichen Gelenken betraf. Herein kam Everett mit seinem mechanischen Neger, der nicht mehr tanzen konnte, seit ihm das Kind einen Marshmallow in die einzige verfügbare Öffnung gestopft hatte. Herein kam Fonlansbee, der seine Zähne in die Hand von Klein-Osmond geschlagen hatte, welcher die begehrten und versehrten Überreste dessen gepackt hielt, was einmal die stolzgeschwellte Brust einer Husarenuniform gewesen war. Herein kamen sie, eins nach dem andern, heulend, fauchend, zerrend und

24

drängend, und alle heischten sie die Hilfe ihrer Eltern bei diesem hausinternen Krieg.

Und dann der Zigarrenrauch! Mrs. Gummidge sagte, gegen den Rauch einer guten Zigarette hätte sie ja nichts einzuwenden, aber wenn es recht sei, dann würde sie gern kurz das Fenster öffnen, um das Zimmer zu lüften, wo es nach abgestandenen Zigarren rieche. Nicht nach abgestandenen, sondern anständigen Zigarren rieche es hier, warf sich Mr. Gummidge in die Brust. Hochanständigen, pflichtete ihm sein Bruder George Gummidge bei, gefolgt vom prustenden Gelächter beider Brüder über ihren Scherz, womit sie den Lachrekord des Nachmittags aufstellten.

Tante Libbie, die mit George zusammenlebte, bemerkte aus einer dunklen Ecke des Zimmers, es komme ihr wie ein Sonntag vor. Das mochte der Vetter, der im Versicherungsgeschäft tätig war, nicht gelten lassen, und er sagte, es sei schlimmer als ein Sonntag. Gemurmel, das auf herzhafte Zustimmung hindeutete, soweit das die Lethargie überhaupt zuließ, ertönte von den anderen Mitgliedern der Familie, was Mr. Gummidge veranlasste, einen Verdauungsspaziergang im Freien vorzuschlagen.

Nun erhob sich ein regelrechter Chor von Einwänden, wie er nur selten zu hören war. Es sei zu bewölkt, um spazieren zu gehen. Es sei zu rau. Es sehe nach Schnee aus. Nach Regen. Luther Gummidge meinte, er müsse sich ohnehin bald auf den Heimweg machen, was Mrs. Gummidge zur spitzen Frage veranlasste, ob er sich etwa langweile. Lillian sagte, bei ihr sei eine Erkältung im Anzug, außerdem sei etwas, das sie gegessen habe, nicht gargekocht gewesen. Und so ging das weiter, hin und her, her und hin, rauf und runter, rein und raus, bis der Spaziervorschlag von Mr. Gummidge gründlich zerfetzt war und alle Anwesenden vor sich hin grollten.

Doch dürfen wir bei alldem die Kinder nicht vergessen. Das wäre auch niemandem gelungen. Tante Libbie sagte, ohne Kinder wäre Weihnachten gar nicht denkbar, worauf Onkel Ray, der mit der freimaurerischen Uhrkette, meinte: »Schön wär's aber.« Obschon Weihnachten als Fest der Liebe galt, hörten sich die Kinder eher an, als wäre es das Fest der Feindschaft, ja die letzte Schlacht, und als hätte Mutter Natur beschlossen, nur die Stärksten dürften überleben, die mit den räuberischsten Instinkten und den besten Tarnfarben. Auch wenn es Ermahnungen hagelte – an Fonlansbee: »Gib Osmond sofort die Trillerpfeife zurück, sie gehört ihm«; und an Arthur junior: »Lass

Effie auch mal Tretauto fahren, sie ist kleiner als du« –, lief es natürlich darauf hinaus, dass Fonlansbee die Trillerpfeife behielt und Arthur junior zwar angefochten, aber triumphierend weiter seine Runden drehte. Ach, was vermöchten wir Sterblichen denn zu erreichen wider die unerforschlichen Ratschlüsse von Mutter Natur!

Großes Hallo und großer Aufruhr! Onkel George war über die elektrische Eisenbahn gestolpert, die schon zu Beginn des Nachmittags den Geist aufgegeben hatte und auf der Schwelle liegen geblieben war. Großes Geschrei von Arthur junior, Heulen und Zähneklappern angesichts der Zerstörung seiner Eisenbahn, die doch bereits kaputt gewesen war und die er bis zu diesem Moment komplett vergessen hatte. Große Empörung von Arthur senior, während George zu retten versuchte, was zu retten war. Und schließlich großes Getöse: Der kleine Lester hatte den Weihnachtsbaum umgerissen, und es bedurfte aller forstwirtschaftlichen Kenntnisse von Onkel Ray, um das Balg aus dem Astgewirr zu bergen.

Danach reichte Mrs. Gummidge Weihnachtssüßigkeiten herum. Mr. Gummidge bezeichnete dies hinterher als taktischen Fehler seiner Frau. Doch ich glaube nicht, dass Mrs. Gummidge wirklich dachte, irgendjemand hätte Lust auf Weihnachtssüßigkeiten oder auf kalten Truthahn, was sie anschließend vorschlug. Ich glaube vielmehr, dass sie die Anwesenden loswerden wollte. Und das gelang ihr auch. Unter erstickten Schreien – »Iiih, nur nichts zu essen!« und »Geh mir damit bloß aus den Augen!« – wurde im Kleiderschrank fiebrig nach Überschuhen gekramt. Nähte krachten, während entnervte Eltern ihre Kinder in Wintermäntel zwängten. Heuchlerisch hieß es: »Kommt uns bald besuchen!« und »Wir müssen uns unbedingt demnächst zum Mittagessen treffen!« Auf das Zuschlagen von Autotüren folgte dann endlich die Stille vollkommener Erschöpfung, nur Mrs. Gummidge klaubte da und dort noch Fetzen verstreuten Geschenkpapiers auf.

Zur Institution des Weihnachtsnachmittags würde Tiny Tim wohl sagen: »Gott, segne uns. Aber bloß nicht damit!«

Aufstieg und Fall
der Weihnachtskarte

Vor fünfundzwanzig Jahren (am 21. Dezember 1685, um genau zu sein) erwachte ein Mann namens Ferderber, nachdem er eine Woche lang auf Geschäftsreise gewesen war, und musste feststellen, dass er für seine Verwandten und Freunde keine Weihnachtsgeschenke gekauft hatte. Außerdem hatte er seit der Geschäftsreise nur noch achtzig Cent, die Kontrollabschnitte zweier Theaterkarten und einen rechten Schuh.

Also schnitt er etwas Karton so zurecht, dass er in Briefumschläge passte, und schrieb auf jede Karte einen zu den Feiertagen passenden kleinen Gedanken. Noch etwas schlaftrunken fand er, es wäre schön, wenn sich die Sache reimte, obschon er, wie er mit einem bescheidenen Lächeln meinte, »ja kein Dichter« sei.

Seiner Tante schrieb er:

»Ich wünsche dir fürwahr
Frohe Weihnacht und ein gutes neues Jahr.«

Der Spruch gefiel ihm so gut, dass er ihn auch für die anderen Karten übernahm. Von Begeisterung überwältigt, zeichnete er noch auf jede Karte einen Stechpalmenzweig. Er verschickte sie am Weihnachtsabend und stellte fest, dass er noch achtundzwanzig Cent übrighatte.

Nach diesem Herrn Ferderber wird heute in zweiunddreißig Staaten gefahndet, und überall wird ihm dasselbe zur Last gelegt: Auslösung des Weihnachtskartenwahnsinns. Denn seine Idee erwies sich als hochansteckend: Anlässlich des folgenden Weihnachtsfestes schickten all seine Freunde und Verwandten ihrerseits Karten an Freunde und Verwandte, da sie unter Berufung auf den alten Schwindel »Wichtig ist nicht das Geschenk, sondern die gute Absicht dahinter« fanden, man habe doch mehr von einem herzlichen Gruß als einem scheußlichen Geschenk. Und tatsächlich erwies sich der neue Brauch zunächst als Erleichterung.

Dann aber geriet er außer Rand und Band. Gigantische Weihnachtskartenkonzerne entstanden landauf, landab, und der Wert von Fabrikgebäuden in unmittelbarer Nähe von Güterbahnhöfen schoss in die Höhe. Millionen und Abermillionen von Karten wurden gedruckt, und Millionen und Abermillionen von Menschen schickten sie sich gegenseitig. Um den 15. Dezember herum begann die Plage, und die Sendungen brachen wie Heuschrecken über die Bevölkerung herein. Fünfundsiebzigtausend zusätzliche Postboten wurden einberufen, und schließlich blieb der Regierung keine andere Möglichkeit, als alle Männer, die jünger als fünfundzwanzig Jahre waren und keine Plattfüße hatten, zum Postdienst zu verdonnern. Doch selbst dann konnten all die Weihnachtskarten erst zum Jahresanfang zugestellt werden, und zu diesem Zeitpunkt war bereits die Flut der Neujahrskarten im Anrollen, denn all jene, die Weihnachtskarten erhalten hatten von Leuten, denen sie keine geschickt hatten, beeilten sich, Neujahrskarten zu kaufen und in der folgenden Woche zu verschicken, als wäre das immer schon ihre Absicht gewesen.

Es wurde unmöglich, all diese Karten zu lesen, ja sie nur zu öffnen. Riesige Stapel ungeöffneter Briefumschläge türmten sich im ganzen Land auf Schreibpulten und Tischchen in Fluren. Reichere Bürger ließen in ihre Häuser Schächte einbauen, in welche die Postboten die Karten kippten, die so direkt der Zentralheizung zugeführt wurden. Ärmere Leute, die keine Möglichkeit hatten, ihre Post so als Brennmaterial zu verwenden, sahen sich immer öfter außer Stande, einen Weg von der

Haustür zur Straße zu bahnen, und verhungerten, bevor man sie mit dem Nötigsten versorgen konnte. Der Winter 1927 wurde deshalb bekannt als der Winter des Roten Todes, denn in manchen Städten kam es zu Feuersbrünsten, die zu beschreiben meine Feder sich sträubt.

Bei Ausgrabungen im Mittleren Westen wurden aus Bergen versteinerter Umschläge wichtige Daten zutage gefördert, die Aufschluss geben über das Wesen dieser *objets d'art.* Das populärste Sujet scheint ein offener Kamin gewesen zu sein, von dessen Sims Socken hingen, und dazu der offensichtlich satirisch gemeinte Spruch: »*Frohe Weihnachten und ein glückliches neues Jahr.*« Auch Kerzen waren sehr beliebt, Kerzen und Glocken. Die menschlichen Figuren, die man auf den Karten fand, waren leider allesamt unerspießlicher Natur: kleine, dicke, bärtige, rotgekleidete Männer; widerwärtig fröhliche Kinder in Pyjamas und mit brennenden Kerzen in der Hand; Postkutschen voller vor Hitze dampfender Reisender; allerlei Herrschaften beim Rodeln und Schlittenfahren; Straßenmusikanten, die friedliebende Hausbesitzer mit Weihnachtsliedern traktierten. Der Text war meist in Fraktur geschrieben, so dass er nur mit Mühe oder überhaupt nicht zu entziffern war.

Zu einem Umschwung kam es, als jemand, möglicherweise sogar ein Nachfahre jenes Ferderber, der das ganze Ungemach überhaupt ausgelöst hatte, auf die Idee kam, Weihnachtskarten zu benützen, um seinem Ärger Luft zu machen. Er dachte, da ja niemand diese Karten lese, könne er genauso gut schreiben, was er wirklich meine, solange dies in Fraktur geschehe. Und das erfüllte ihn mit Befriedigung. Aus diesem Grund finden sich in den höheren Gesteinsschichten von Weihnachtskarten des zwanzigsten Jahrhunderts solche Dinge:

Die Abbildung eines Stechpalmenkranzes, in dem ein großer Hammer steckt. Dazu die Legende:

»Von Herzen wünsche ich dir die Masern.
Weihnachten 1931.«

Auf einer anderen war ein Häuschen auf einem schneebedeckten Hügel zu sehen, hinter dem die Sonne unterging. Am Häuschen hing ein Schild mit der Aufschrift *»Zu verkaufen«*. Und darunter stand: *»Frieden auf Erden und allen Menschen guten Willens. Har, har.«*

Auf einer Neujahrskarte, in deren Vorderseite *»Mit allen guten Wünschen«* geprägt war, stand:

»Sehen wir uns nicht im nächsten Jahr,
ist mir das übernächste früh genug, fürwahr.«

Botschaften dieser Art kamen rasch in Mode, und so schwang das Pendel in die Gegenrichtung. Was mit milden Beleidigungen begann, wurde allmählich richtig böse.

Hier eine Karte aus dem Jahr 1938:

»Am Weihnachtsabend denke ich an dich: Wenn du bis Silvester nicht $ 50.000 im Schließfach 115 hinterlegst, verkaufe ich deine Briefe, du elender Schuft.«

Eine andere barg die folgende Botschaft in einem Mistelkranz: *»Behalt deine Frau im Auge!«*

Von solchen Warnungen zu obszönen Schmähungen war es nur noch ein kleiner Schritt, und an diesem Punkt schritten die Reformgesellschaften ein. Es wurde eine landesweite Kampagne gestartet, die im Gegensatz zu anderen Reformkampagnen von einem Großteil der Öffentlichkeit getragen wurde. Nach einem knappen Jahr hatte man in der Legislative die nötige Zweidrittelmehrheit beisammen für eine Verfassungsänderung, die die Herstellung und Verbreitung von Weihnachtskarten verbot. Darauf folgte natürlich eine Phase des Raubdruckens, doch richtig in Schwung kam dieses nie, und es verläpperte schon bald.

Hiermit endet diese historische Zusammenfassung. Sie soll uns beflügeln in unserem Kampf gegen die Herstellung und den Verkauf aller Weihnachtsgeschenke mit Ausnahme von Spielzeug. Was unsere Ahnen geschafft haben, muss auch uns gelingen.

Onkel Ediths Geistergeschichte

»Erzähl uns eine Geistergeschichte, Onkel Edith!«, riefen die Kinder spät am Weihnachtsnachmittag, als alle schlecht gelaunt und verschwitzt waren.

»Also gut«, sagte Onkel Edith. »Sie taugt zwar nicht besonders viel als Geistergeschichte. Aber hier ist sie, und wehe, sie gefällt euch nicht!«, fuhr er fröhlich fort. »Und wenn ich beim Erzählen den geringsten Mucks höre, dann schnapp ich mir den Schuldigen und hau ihm eine rein.

Also: Mein Vater war ein armer Holzfäller, und wir lebten in einer Köhlerhütte tief in einem großen, finsteren Wald.«

»Das klingt wie ein Märchen, du Dummkopf«, rief die kleine Dolly, ein dickes, widerwärtiges Kind, das nie hätte geboren werden sollen. »Wir wollen aber eine Geistergeschichte!«

»Recht hast du«, rief Onkel Edith. »Was bin ich nur für ein alter Trottel. Die Geistergeschichte fängt so an:

Es war spät im November, als mein Freund Warrington eines Abends im Klub zu mir kam und sagte: ›Craige, altes Haus, komm mich am

Wochenende in meinem Gut in Whoopshire besuchen. Da gibt es Moorhühner zu jagen und Greffeln in Hülle und Fülle. Was meinst du dazu?‹

Ich hatte die ganze Woche hart gearbeitet, sodass mir diese Idee zusagte. Und so nahmen Warrington und ich den Fünfzehn-Uhr-vierzig-Zug von Charing Cross nach Woopshire, schwer beladen mit Flinten, Feuersteinen und zwei so prächtig gefüllten Flachmännern, wie sie Merry Old England kaum je gesehen hatte.

Es wurde schon dunkel, als wir in Breeming Downs ankamen, wo Warringtons Landsitz lag, und als wir über den düsteren Pfad zum Eingangstor hinauffuhren, spürte ich plötzlich Warringtons Hand auf meinem Arm.

›Finger weg!‹, herrschte ich ihn entschieden an. ›Worauf hab ich mich da bloß eingelassen?‹

›Pssssst!‹, antwortete er und verstärkte seinen Griff. Ein Hieb von mir beförderte ihn von seinem Sitz. Es gibt Dinge, da verstehe ich absolut keinen Spaß.

Er rappelte sich so weit auf, dass er wieder sprechen konnte. ›Verzeihung‹, sagte er, ›mir sind die Nerven etwas durchgegangen. Aber da oben, im Fenster des Gästezimmers, habe ich eine schattenhafte Gestalt gesehen.‹

›Na und? Was ist daran besonders?‹, fragte ich, mittlerweile selbst erstaunt.

Warrington dämpfte seine Stimme. ›Jedes Mal, wenn ich mit einem Gast vorgefahren bin und an diesem Fenster eine schattenhafte Gestalt stand, wurde der Gast am nächsten Morgen in seinem Bett tot aufgefunden – gestorben vor lauter Angst‹, fügte er bedeutungsvoll hinzu.

Ich schaute zum Fenster hoch, auf das er zeigte. Und tatsächlich, da war ein Schatten zu sehen, die Silhouette eines gigantischen Mannes. Wobei ›Mann‹ die Sache nicht trifft. Es war eher die Gestalt eines Wiesels, abgesehen von einem Saum dunkelroter Klöppel, die von seinem Schnabel hingen.«

»Woher weißt du, dass sie dunkelrot waren«, fragte der kleine Tom-Tit, »wenn du nur den Schatten davon gesehen hast?«

»Halt die Klappe«, antwortete Onkel Edith. »Ich konnte bei diesem Anblick meine Verblüffung kaum im Zaum halten, so erstaunlich war er. ›Ist das mein Zimmer?‹, fragte ich Warrington.

›Ja‹, antwortete er. ›Ich fürchte, das ist es.‹

Ich sagte nichts, stieg aus dem Wagen und holte mein Gepäck heraus. ›Komm‹, sagte ich fröhlich. ›Ich geh mal hoch und biete diesem Herrn Gespenst die Stirn.‹

Und so ging es über die dunkle gewundene Treppe hinauf, sodann durch die hallenden Korridore dieses alten Hauses aus dem siebzehnten Jahrhundert, bis wir zu der Tür gelangten, von der Warrington mir bedeutete, es sei die Tür zu meinem Zimmer. Ich klopfte.

Ein gellender Schrei ertönte, als wir die Tür aufstießen. Doch als wir das Zimmer betraten, war es leer. Wir durchsuchten es von oben bis unten, doch fanden wir keine Spur des Mannes oder seines Schattens. Auch den Ursprung des furchtbaren Schreis entdeckten wir nicht, obschon uns dieser noch immer in den Ohren klang.

›Dann war es wohl nichts‹, sagte Warrington heiter. ›Vielleicht nur der Wind in den Bäumen.‹

›Und der Schatten auf der Fensterscheibe?‹, fragte ich.

Er zeigte auf ein kunstvoll geschnitztes Stück Gästeseife auf dem Waschtisch. ›Das Licht befand sich dahinter‹, sagte er, ›so sah das von außen wie ein Mann aus.‹

›Das war bestimmt der Grund‹, sagte ich, aber ich sah, dass Warrington leichenblass war.

›Brauchst du noch was?‹, fragte er. ›Frühstück ist um neun, wenn du bis dann durchhältst‹, ergänzte er scherzhaft.

›Ich glaube, ich habe alles‹, sagte ich. ›Ich lese noch ein bisschen vor dem Einschlafen und zähle vielleicht meine Wäschestücke. Doch, halt‹, rief ich ihn zurück. ›Lass mir bitte den Revolver da, der aus deiner Hüfttasche lugt. Den brauch ich vielleicht eher als du.‹

Er klopfte mir auf die Schulter und gab mir wie verlangt den Revolver. ›Blas bloß nicht in die Trommel‹, kicherte er nervös.

›Wie viele Menschen sind in diesem Zimmer vor Angst gestorben?‹, fragte ich, während ich in einer Ausgabe von *Town and Country* blätterte.

›Sieben‹, antwortete er. ›Vier Männer und drei Frauen.‹

›Und wann war zuletzt jemand da?‹

›Letzte Nacht‹, sagte er.

›Ich hätte zu meinem Frühstück gern ein Glas heißes Wasser‹, sagte ich. ›Das wärmt den Magen.‹

›Und wie‹, stimmte er zu, und war verschwunden.

Sorgfältig packte ich meinen Koffer aus und legte mich ins Bett. Den Revolver platzierte ich auf dem Tisch neben meinem Kissen. Dann begann ich zu lesen.

Plötzlich öffnete sich langsam die Tür des Schranks am anderen Ende des Zimmers. Er lag im Schatten, sodass ich nicht erkennen konnte, ob es da eine Gestalt zu sehen gab oder nicht. Doch nichts trat in Erscheinung. Die Tür jedoch ging wieder zu, und ich hörte Schritte über den weichen Teppich auf mein Bett zukommen. Ein Stuhl, der zwischen mir und dem Schrank stand, wurde umgeworfen, als wäre ein unsichtbares Schienbein dagegen gestoßen, gleichzeitig knallte das Fenster zu und die Jalousie wurde heruntergezogen. Ich schaute hin, und da, auf der Jalousie, als würde er von außen auf sie geworfen, war der gleiche Schatten, den wir am Nachmittag gesehen hatten.«

»Ich muss mal«, sagte der sechsjährige kleine Roger an dieser Stelle.

»Geh nur«, sagte Onkel Edith. »Du weißt ja, wo das Klo ist.«

»Ich will aber nicht allein gehen«, jammerte Roger.

»Geh mit Roger, Arthur«, befahl Onkel Edith, »und bring mir ein Glas Wasser, wenn du zurückkommst.«

»Was war denn jetzt dieses schreckliche Ding in deinem Zimmer, Onkel Edith?«, fragten die übrigen Kinder unisono, nachdem Roger und Arthur hinausgegangen waren.

»Das kann ich euch nicht sagen«, antwortete Onkel Edith, »ich habe meinen Koffer gepackt und den Einundzwanzig-Uhr-vierzig-Zug zurück in die Stadt genommen.«

»Das ist die lausigste Geistergeschichte, die ich je gehört habe«, sagte Peterkin.

Und alle stimmten ihm zu.

Endlich ein Ersatz
für Schnee

Als ich neulich abends in meiner Schreibtisch-
schublade stöberte, stieß ich auf eine Menge alten
Schnees. Wie lange er schon dort drin war, kann
ich nicht sagen. Vielleicht war er der Überrest eines längst vergessenen Streichs aus Collegetagen.
Doch schlagartig wurde mir bewusst, was Schnee
für eine seltsame Sache ist, und wie selten man
ihn eigentlich braucht.

Daraufhin sagte ich mir: »Könnte man wohl
eine Art Pseudoschnee erzeugen, der die Schnee-
menschen befriedigt und gleichzeitig ebenso lästig
ist wie echter Schnee?« Und so kam es, meine Lie-
ben, dass ich »Schneh« erfand.

Wie ihr wisst, ist echter Schnee eine Verbindung
von Wasserstoff, Sauerstoff, Ruß und irgendwelchen
Bleichmitteln. Er bildet sich, wenn Wolken Luftlöcher durchqueren, die leichter sind als die sie umge-
bende Luft, wenn ihr euch darunter etwas vorstel-
len könnt. Das heißt: Diese Wolken (A) erzeugen
beim Durchqueren der Luftlöcher (C) gewisse atmo-
sphärische Bedingungen, die unter Fachleuten als

»französisches Vakuum« bekannt sind. (Was die Franzosen damit zu tun haben, wissen wir nicht. Es könnte Ausdruck der alten englisch-französischen Fehde sein, die sich beispielsweise darin niederschlägt, dass ein Verschwinden, ohne sich zu verabschieden, auf Französisch »auf Englisch abhauen« heißt.) Wie auch immer, das erwähnte Vakuum erzeugt ein gewisses Unbehagen, und das Ergebnis davon ist das, was wir »Schnee« nennen oder, häufiger noch, »diesen verflixten Schnee«.

Um herauszufinden, was ich tun müsste, um Pseudoschnee zusammenzubrauen, musste ich mir die Eigenschaften des uns bekannten Schnees vor Augen führen. Was also sind die charakteristischen Funktionen von Schnee?

Erstens: Verkehrsstaus erzeugen. Jeder Schneeersatz (na bitte, ein Wort mit drei E) muss so geartet sein, dass man ihn auf den Straßen einer Stadt so einsetzen kann, dass er jeglichen Verkehr mindestens zwei Tage lang lahmlegt. »Damit«, schloss ich messerscharf, »stellt sich das Problem der Verteilung oder, im Fachjargon, des Ausbringens.« Unser neuer Schnee muss sich rasch und leicht überall in der Stadt verteilen lassen. Das erfordert Lastwagen, und Lastwagen erfordern Fahrer. Wenn nun das Wetter kalt ist (und was nützt Schnee, wenn es

nicht kalt genug ist, dass es ungemütlich wird),
dann brauchen diese Fahrer (B) Fäustlinge. Fäustlinge sind also das Erste, was wir an Ausrüstung
brauchen. Ich nahm ein Blatt Papier und schrieb
»Fäustlinge« drauf. Das strich ich durch und
schrieb stattdessen noch einmal »Fäustlinge« hin.
So weit, so gut.

Eine weitere wichtige Funktion von Schnee ist
es, durch die Manschetten in Ärmel hineinzuge-
langen und durch den Kragen ins Innere von Män-
teln. Hm! Wie konnte ich etwas erfinden, das in
Ärmel und Krägen von Fußgängern kroch, ohne
dass diese umständlich angehalten werden mussten, um den Vorgang zu ermöglichen? Denn kein
Schneeersatz konnte je Popularität erlangen, der
irgendwelche Anstrengungen seitens des breiten
Publikums erforderte. Denn das breite Publikum
ist gern bereit, alle Vorteile einer Sache zu nutzen,
aber es scheut jeden Aufwand, um dieser Vorteile
teilhaftig zu werden. Ach nein, nur keinen Aufwand! Wenn ihm Schnee in die Ärmel und Krägen
befördert werden soll, dann bitteschön im Gehen
und ohne anhalten zu müssen, um etwas hochzu-
krempeln oder aufzuknöpfen.

Eines stand damit fest: Sollte diese Funktion
von Schnee nachgeahmt werden, dann musste man

Jungen anstellen, die neben den Leuten herlaufen und ihnen im Gehen den Ersatzstoff in die Ärmel und Krägen stecken würden. Im Laufe eines Nachmittags brachte es ein Junge vielleicht auf zweihundert Handvoll »Schneh«. Rechnete man aus, wie viele Leute an einem guten verschneiten Nachmittag unterwegs waren, dann war klar, dass eine gigantische Menge von Jungen für diese Arbeit erforderlich sein würde. Mit Mädchen wäre es noch schlimmer, denn die würden ihre Arbeit unterbrechen, um mit den Leuten zu plaudern.

Das Verteilungs- oder Ausbringungsproblem war also noch ungelöst. Umso wichtiger war es deshalb, herauszufinden, welche anderen Eigenschaften unser »Schneh« haben sollte, um in den Millionen Herzen von Schneeliebhabern landauf, landab ein Plätzchen zu finden. Jemand erwähnte »Nässe«, und im Handumdrehen ertönte aus allen Ecken des Konferenzzimmers (denn zu einer Konferenz hatte sich die Sache mittlerweile ausgeweitet) der Ruf: »Nässe! Nässe! Unser ›Schneh‹ muss nass sein!«

Am wichtigsten, darüber herrschte Einigkeit, war Nässe am Fuß von Schlafzimmerfenstern. Wer erinnert sich nicht an dieses ganz besondere Gefühl, wenn man aufsteht, um das Schlafzimmerfenster zu schließen, und dabei in ein üppiges Sortiment von Schneeflocken im schönsten Stadium ihrer Auflösung tritt, nämlich in Wasser? Oder dann in Form einer Schneewehe mitten im Zimmer, auf der Daddy unterwegs zu oder zurück von seinem Büro ganz wunderbar ausrutschen konnte. Diese Erscheinungsform von Schnee ist vielleicht am schwierigsten nachzubilden: die Schlafzimmerwehe. Aber stellt euch vor: Gelänge es uns, unseren Kunstschnee nicht nur an den Fuß von Schlafzimmerfenstern zu befördern, sondern mittels einer ausgeklügelten Apparatur auch noch in die verborgensten Falten der Unterwäsche, die auf einem Stuhl beim Fenster liegt, dann könnten wir mit Fug »Heureka!« rufen.

Wie wir auf den Namen »Schneh« für unser Produkt kamen, wäre im Grunde eine eigene Geschichte wert. Doch ich fasse mich kurz. Die Copyright-Gesetzgebung verbietet es, irgendwelche Dinge einfach »Schnee«, »Gold« oder »Rolls-Royce« zu nennen. Dieses Gesetz wurde von Fanatikern durchgedrückt, die die Tatsache, dass unsere Männer in den Krieg zogen, ausnutzten, um unser Land in einen Pfuhl puritanischer Gesetze zu stürzen. Aber das Auge des Gesetzes hat nun einmal Haare auf den Zähnen.

Wir entschieden deshalb, das zweite E durch ein H zu ersetzen. So würde das Wort gleich klingen, und es wäre gleichzeitig den Vorschriften Genüge getan. Manche Investoren machten sich für schmuckere Namen wie »Flockis« oder »Pulwer« stark, aber unser Werbefachmann, der auf Kundenspektralanalysen spezialisiert ist, erklärte uns, dass ein Wort wie »Schneh« von der Netzhaut des Betrachters zu seinem Hirn eine erfreulichere Botschaft sendet als ein längeres Wort, das auf »-is« endet oder gar »-wer«. Schaut euch nur das Wort »Ford« an: Der Erfolg von Ford-Produkten beruht praktisch zu hundert Prozent darauf, welche Spektralfarben das Wort auf der Netzhaut des Konsumenten auslöst.

So also kamen wir auf den Markennamen »Schneh™«. Nun mussten wir nur noch die physikalische Zusammensetzung unseres Produkts und seine Verpackung bestimmen. Denn die Verpackung ist ein wesentliches Element des Marketings, und wir kamen zum Schluss, ein Miniaturschneeschuh wäre eine passende und elegante Lösung. Gelänge es uns, »Schneh™« in einen zehn Zentimeter langen Schneeschuh zu packen, wäre das nicht nur gut für die Auslage eines Schaufensters, sondern es würde das Produkt auch zu einem hübschen Mitbringsel machen, einem, das mehr hermachte als ein Flachmann voll Whisky. Aber es ist gar nicht einfach, eine Ladung Imitationsschnee in einen Schneeschuh zu verpacken. Vielleicht müssen wir einfach beides in eine Schachtel stecken.

Was kann ich euch noch verraten? Die physikalische Zusammensetzung von »Schneh™«? Daran arbeiten wir noch.

Der Fremdling
in unseren vier Wänden

Eines der Probleme der Kindererziehung, das in den einschlägigen Büchern meist nicht vorkommt, ist »Der Schulkamerad als Gast«, besonders zur Weihnachtszeit. Wie ist in Anbetracht der bestehenden Gesetze mit ihm zu verfahren?

Er wird in der Regel mit nach Hause gebracht, weil er aus Nevada stammt, und wenn er zu Weihnachten in seine Heimat führe, könnte er sich gleich nach seiner Ankunft wieder auf die Rückreise machen – was sich eigentlich ideal anhört. Aber die Vorstellung, dass ein Kind die Weihnachtszeit nicht bei den Seinen verbringen darf, ist herzzerreißend, und so wird der kleine George mit offenen Armen und zusammengeschnürter Kehle im Schoße Ihrer Familie aufgenommen. Der arme Kleine! Am Weihnachtstag muss er unbedingt seine Eltern anrufen, die ihn bestimmt furchtbar vermissen. (Später stellt sich heraus, dass George auch damals, als seine Eltern noch in Philadelphia lebten, die Ferien bei Freunden verbrachte. Seine Eltern waren ja nicht blöd.)

Am ersten Tag ist George die Höflichkeit in Person. »George ist ein netter Junge«, sagen Sie Ihrem Sohn, »ich wünschte, du würdest mehr Jungen wie ihn kennen.«

»George wirkt für einen Vierzehnjährigen sehr erwachsen«, sagt Ihre Frau, nachdem die Jungen zu Bett gegangen sind. »Ich hoffe, Bill schneidet sich eine Scheibe davon ab.« Tatsächlich scheint etwas von Georges Höflichkeit und Zurückhaltung auf Bill abgefärbt zu haben, sodass dank des Schulkameraden Ihre längst aufgegebenen Hoffnungen für seine Zukunft etwas wiederbelebt werden.

Ein erstes Anzeichen dafür, dass Georges Aufenthalt kein reiner Segen sein wird, kommt bei Tisch, als der Junge mit nach einem Tag des vertrauten Umgangs erworbener Bestimmtheit verkündet, er esse weder Lamm noch Kartoffeln noch Erbsen – dies angesichts einer Mahlzeit, die aus Lamm, Kartoffeln und Erbsen besteht.

»Möchtest du vielleicht ein Ei, George?«, schlagen Sie vor.

»Ich hasse Eier«, sagt George und schaut aus dem Fenster, während er darauf wartet, dass Ihnen etwas einfällt, was er mag.

»Dann fürchte ich, George, dass du heute Abend nicht viel zu essen bekommen wirst«, sagen Sie.

»Was gibt es zum Nachtisch?«

»Einen leckeren Brotpudding mit Rosinen«, sagt Ihre Frau.

Bei der Erwähnung von Brotpudding stülpt George die Unterlippe nach unten und streckt stöhnend die Zunge heraus. »Und Rosinen darf ich sowieso nicht essen«, fügt er, um höflich zu sein, hinzu. »Davon bekomme ich Ausschläge.«

»Ah, der alte Rosinenausschlag!«, sagen Sie. »Dann sehen wir zu, dass keine Rosine in deine Nähe gelangt. Aber was genau darfst du essen, George? Mir als Freund kannst du es ja sagen.«

Im Lauf eines Kreuzverhörs stellt sich heraus, dass George Rote Bete essen kann, wenn sie genau richtig gekocht ist, eine seltene Sorte von Auberginen, die nur in Nevada wächst, und alle Sorten Eiscreme der Welt. Außerdem würgt er ab und zu ein Stück Kuchen hinunter, um des Anstands willen.

Das alles wäre nicht so schlimm, würde George, der kein Lamm essen mag, nicht auch Ihre Art, dieses zu tranchieren, kritisch kommentieren. »Mein Vater tranchiert Lamm quer zu den Fasern, nicht so wie Sie«, sagt er mit einer gewissen Empörung.

»Wie interessant«, lautet Ihr Kommentar.

»Mein Vater sagt, nur alte Damen tranchieren so«, fährt er fort.

»Aha«, stoßen Sie gutgelaunt zwischen zusammengebissenen Zähnen hervor, »dann bin ich also so was wie eine alte Dame?«

»Ja, Sir«, sagt George.

»Vielleicht sind in Nevada die Lämmer etwas anders«, schlagen Sie vor, während Sie ein großes Stück abhacken. (Noch nie haben Sie so ungeschickt tranchiert.) »Vielleicht ernähren die sich von eurer speziellen Auberginensorte.«

»Bei uns gibt es nur selten Lamm«, sagt George. »Dafür umso mehr Tauben und Enten.«

»Bleib bei deinen Tauben und Enten, George«, sagen Sie, »das ist am besten für deinen Ausschlag. Und jetzt, guten Appetit!« Damit schmeißen Sie ihm ein Stück Lamm auf den Teller, das später wie durch ein Wunder verschwunden sein wird.

Wie sich im Lauf der Zeit herausstellt, kann Georges Vater Segelschiffe bauen und Eindecker, die wirklich fliegen, er kann Summer reparieren und Vogelstimmen imitieren – lauter Dinge, die Sie nicht können und die zu können Sie auch nie versucht haben, da man Ihnen zu verstehen gegeben hatte, dass sie gar nicht möglich sind. Sie beginnen Georges Vater fast ebenso sehr zu hassen wie seinen Sohn.

»Dann schreibt dein Vater wohl auch Artikel für verschiedene Zeitschriften, nicht wahr, George?«, fragen Sie sarkastisch.

»Klar«, sagt George verächtlich. »An Sonntagen, sonntagnachmittags.«

Damit ist Ihrer Meinung nach eigentlich alles gesagt über George, aber es bleiben zehn weitere Urlaubstage. Und während dieser zehn Tage lässt sich Ihr Sohn Bill von George zu elektrischen Experimenten anstiften, mit dem Ergebnis, dass im Haus alle Sicherungen durchbrennen und in der Limousine der Zigarettenanzünder. Bill lässt sich auch dazu inspirieren, die Köchin eine deutsche Spionin zu nennen, die Babys brät, mehrere kleine Mädchen aus der Nachbarschaft so sehr zu piesacken, dass sie in Tränen ausbrechen, und plötzlich keinen Spinat mehr zu essen. Sie wissen, dass Bill nicht von selbst auf diese Dinge gekommen ist, weil ihm einfach die Phantasie dazu fehlt.

Am Weihnachtstag stellt sich heraus, dass George all die kleinen Sachen, die Sie ihm geschenkt haben, bereits besitzt, allerdings sind seine besser. Er stiftet Bill dazu an, einen Aufstand zu machen wegen der Frage, wo die Schienen der elektrischen Eisenbahn verlegt werden sollen. (George behauptet, bei ihm zu Hause führten sie durch das Badezimmer seines Vaters, was nun mal der einzige sinnvolle Ort für Schienen sei.) Er macht mehrere der heikleren Spielsachen der kleinen Barbara kaputt und sagt, sie selbst habe sie dadurch ruiniert, dass sie nicht gewusst habe, wie sie funktionierten. Und als der Tag zur Neige geht, bekommt George hohes Fieber. Es stellt sich heraus, dass es Mumps ist und George deshalb einen Monat lang in Ihrem Haus in Quarantäne bleiben muss.

Das war eine kurze Zusammenfassung des Problems »Der Schulkamerad als Gast«. Da nun mal jedes Kind Weihnachten daheim verbringen sollte, könnte man nicht mit staatlicher Unterstützung dafür sorgen, dass jedem Kind, das nicht heimreisen kann, sein Heim gebracht wird? An einem solchen Feiertag sollte jedes Heim ein geheiligter Ort sein, an dem ausschließlich Familienmitglieder zusammenkommen, um zu viel zu essen und sich zu streiten. Wenn jemand von außen dazukommt, macht das die Dinge nur kompliziert; vor allem, wenn man diesem jemand nicht den Hintern versohlen kann.

Noch eine Weihnachtsgeschichte von Onkel Edith

Onkel Edith sagte: »Ich glaube, es ist an der Zeit, dass ich euch eine richtig altmodische Weihnachtsgeschichte über das tobende Meer erzähle.«

»Quatsch!«, sagte der kleine Philip.

»Sei's drum«, fuhr Onkel Edith fort, »ich erzähle sie euch trotzdem. Von einem Dreijährigen lasse ich mich nicht einschüchtern. Wo war ich stehengeblieben?«

»Du bist überhaupt nicht gestanden, sondern auf die Nase gefallen, so wie ich dich kenne«, sagte Marian mit dem goldenen Haar, in dem sie ein orangefarbenes Band trug, das ihr überhaupt nicht stand.

»Wahrscheinlich hast du recht«, sagte Onkel Edith, »aber woher soll ich das wissen? Doch eines weiß ich: Wir sind von Keist aus losgesegelt am vierzehnten Märzen.«

»Märzen?«, fragte der kleine Philip. »Warst du Bauer und hast Rösslein eingespannt?«

»Dann eben am vierzehnten März«, sagte Onkel Edith, »und wenn du nicht das Maul hältst, dann erzähle ich ganz bestimmt weiter. Von dir lass ich mich nicht einschüchtern.«

»Schon gut, schon gut«, sagte der kleine Philip, der recht heftig blutete aus der Kopfwunde, die ihm Onkel Edith verpasst hatte.

»Also, wir stachen am vierzehnten März (da hast du's) von Keist aus in See auf der guten alten Patience W. Littbaum – mit einer Ladung alten Garns unterwegs nach Algeciras.«

»Und das war's auch schon!«, verkündete Marian mit ihrem kehligen Bariton.

»Das war's ganz und gar nicht, und wer was anderes behauptet, wird verklagt«, bockte Onkel Edith. »Wann meine Geschichte fertig erzählt ist, bestimme immer noch ich. Und jetzt seid schön still, sonst werdet ihr von Onkel Edith mit Bimsstein traktiert.«

»Ich kann es kaum erwarten«, sagte der kleine Philip oder wer auch immer von diesen Bälgern, die ich nicht auseinanderhalten kann, weil sie alle gleich aussehen.

»An Bord«, fuhr Onkel Edith fort, »an Bord waren ich, der Kapitän…«

»Heidewitzka, Herr Kapitän«, wisperte jemand.

»Lars Jannssenn, Erster Offizier; Max Schnirr, Zweiter Offizier; Enoch Olds, dritte Officetür, sowie eine siebenköpfige Besatzung, deren Namen euch noch weniger sagen würden. Doch wie dem auch sei, da waren wir.

Die ersten siebenhundertundneun Tage vergingen ohne Zwischenfälle. Der Segelmacher (dessen Familienname merkwürdigerweise Sailmaker war) machte elf Segel, doch da wir keine weiteren Schiffe hatten, denen wir sie hätten verpassen können, und da unsere Segel in gutem Zustand waren, mussten wir die neuen über Bord werfen. Das verstimmte die Männer, und man munkelte von Meuterei. Ich schickte einen Reporter aus, um die Männer zu interviewen, und die Gerüchte ließen sich nicht erhärten. Also war die Sache für mich gegessen. In der Schiffszeitung titelte ich an diesem Abend KEINE MEUTEREI, und alle waren zufrieden.«

»Ach, du großartiges wunderbares Wesen«, sagte Marian und fuhr mit ihrer winzigen Hand durch Onkel Ediths Haar.

»Es war nicht der Rede wert«, sagte Onkel Edith, und alle stimmten ihm von Herzen zu.

»Allerdings«, fuhr der alte Pökelhering fort, »hatten alle an Bord das Gefühl, dass etwas nicht stimme. Wir befanden uns auf achtundsiebzig Grad Breite und achtundsiebzig Grad Länge, was sich gegenseitig aufhob, sodass wir wieder dort waren, wo wir angefangen hatten –«

»Doch hoffentlich nicht in Keist«, sagte der kleine Philip und erbrach sich.

»Nicht in Keist selbst«, sagte Edith, »aber in Rufweite eines Keister Schiffs.«

»Den Ortsnamen Keist hast du dir von Anfang an nur ausgedacht, damit du dieses Wortspiel hinquälen kannst«, sagte Primrose, die sich bis zu diesem Zeitpunkt nicht am Gespräch beteiligt hatte, da sie noch gar nicht geboren war.

»So wahr mir Gott helfe«, sagte Onkel Edith, »das ist mir *gerade* erst eingefallen«, und schnippte so heftig mit den Fingern, dass sein Mittelfinger brach. »Das Keister Schiff lag steuerbord von unserem Bug und schien von Moskitos bemannt zu sein. Doch als wir längsseits fuhren, mussten wir feststellen, dass keine Seele an Bord war. Keine Seele an Bord.«

»Das sagst du schon zum zweiten Mal«, sagte der kleine – wie hieß er noch mal? – Philip.

Ohne ihn eines Blicks zu würdigen, ließ ihn Onkel Edith in Ketten legen.

»Klar zum Entern!‹ lautete der Befehl. Sekunden später stiegen wir an Deck des verlassenen Schiffs und durchstöberten noch die hintersten Ecken und Winkel. Doch die Suche blieb erfolglos. Im Ruderhaus wurde das Logbuch gefunden, doch da die letzte Eintragung ›Schön und warm. Billy sagte, er liebe Anna mehr als mich‹ lautete, ließen wir es nicht als Beweismittel zu. In der Kombüse fanden wir ein Spiegelei, das nur auf einer Seite gebraten war, und einen alten Smutje, den niemand brauchen konnte. Mit Ausnahme dieser beiden Dinge war die Sache ein vollkommenes Rätsel.«

»Es kümmert mich zwar kein bisschen«, sagte Marian, »aber was war dieses beinahe vollkommenen Rätsels Lösung?«

»Wenn du die Schnauze hältst«, sagte Onkel Edith, »verrat ich's dir. Wie ich vielleicht nicht erwähnt habe, war das rätselhafte Schiff voller schlafender hessischer Truppen, wie sie im Revolutionskrieg gegen die Kolonisten eingesetzt wurden. Sie sahen sehr munter aus mit ihren roten Röcken und den gepuderten Perücken, und wären sie wach gewesen, hätten sie uns vielleicht helfen können bei dem Problem, das sich uns nun stellte.

›Was soll ich machen, Käpt'n‹, fragte Lars Jannssenn, der zum Zahlmeister befördert worden war.

›Was *willst* du machen, Lars?‹, fragte ich.

›Ich möchte gern drei Wünsche frei haben‹, lautete seine typisch skandinavische Antwort. (Bevor er zu uns gestoßen war, hatte er bei der Skandi-Navy angeheuert.)

›Sie seien dir gewährt‹, sagte ich, ohne lang zu überlegen. ›Nimm deine drei Wünsche, steck sie in deinen Hut und zieh ihn dir über die Augen. Sonst noch wer?‹

Da ertönte aus dem Rumpf des Schiffs ein Schrei. Nun habe ich im Lauf meines Lebens allerlei Schreie gehört, aber noch nie einen wie diesen. Es war mittlerweile dunkel geworden, und in den Rettungsbooten waren viele Pärchen am Knutschen. Doch dieser Schrei war anders. Nichts Menschliches eignete ihm. Er kam aus den Eingeweiden des Schiffs, und das ist nie ein gutes Zeichen.

›Alle Mann unter Deck!‹, rief ich, und gerade als alle durch die Luken stürzten, hörte man eine gewaltige Explosion, vom Klüver her, wie es schien.

›Alle Mann zum Klüver!‹, rief ich aufgeregt.

›Was ist los? Soll das ein Spiel sein?‹, fragte die Besatzung wie aus einem Munde.

›Ich bin hier der Kapitän‹, sagte ich, während ich auf den Kompass einschlug, ›und was ich sage, gilt! Seid so nett, und denkt in Zukunft daran.‹

So ging das einige Stunden lang, schiffauf, schiffab. Und immer mal wieder kippten wir in der Hitze des Gefechtes ein paar Hessen über Bord. Dann aber kam der Koch zu mir und sagte: ›Käpt'n, ich halte das nicht mehr aus. Gibt es irgendwelche triftigen Gründe, warum wir uns wie ein Haufen Schuljungen aufführen sollten?«

Das war natürlich eine harte Nuss zum Knacken. Ich trommelte die Mannschaft zusammen, und wir beschlossen, zurück an Bord der Patience W. Littbaum zu gehen. Als wir jedoch über die Reling linsten, stach uns etwas höchst Verdächtiges ins Auge: Die Patience W. Littbaum, unser Schiff, war nicht mehr da.«

»Das glaub ich nicht«, rief der kleine Philip aus der Kasematte.

Onkel Edith fuhr herum. »Ich hab geglaubt, du liegst in Ketten.«

»Glauben macht selig«, antwortete der kleine Philip, und eine Woge von Gelächter fegte durch das Kasino, obschon das, sogar für einen Dreijährigen, eine ziemlich lausige Entgegnung war.

»Na schön«, sagte Onkel Edith, »wenn das so ist… Dabei hatte ich meine Geschichte eben mit der Feststellung abschließen wollen, dass wir das Geisterschiff zurück nach Keist gesteuert haben.«

»Und was hat das alles mit Weihnachten zu tun?«, trumpfte Marian auf, die freilich kein Wort von der Geschichte mitbekommen hatte.

»Wer zum Teufel hat je etwas von Weihnachten gesagt?«, schrie Onkel Edith erbost.

Ja, wer zum Teufel?

Zum Buch
und seinem Autor

Robert Benchley war einer der prominentesten Journalisten im New York der 1920er und 1930er Jahre, arbeitete für Magazine wie *Vanity Fair* und *The New Yorker* und erreichte auch als Filmschauspieler in Hollywood enorme Popularität.

Geboren wurde er am 15. September 1889 in Worcester, Massachusetts. Er immatrikulierte, finanziell unterstützt von der Witwe seines früh verstorbenen Bruders, 1908 in Harvard, veröffentlichte Artikel im *Harvard Advocate* und im Satiremagazin *The Harvard Lampoon* und sammelte erste Erfahrungen auf Theaterbühnen. Zeitlebens hat Benchley gewitzte Texte geschrieben, sein humoristisches Talent aber stets auch als Redner, Entertainer und Schauspieler unter Beweis gestellt. Nach den Lehrjahren in Harvard war seine Karriere als Autor in der Folge unstet, von Erfolgen und Rückschlägen gleichermaßen geprägt. 1914 veröffentlichte er seinen ersten Text im populären Society Magazine *Vanity Fair*, wenig später trat er eine

Stelle bei der *New York Tribune* an, für die er zunächst als Reporter und bald als Kolumnist arbeitete, wobei Benchleys Pazifismus immer wieder in Konflikt mit der politischen Haltung der Zeitung zum Ersten Weltkrieg geriet.

1919 wurde Benchley von *Vanity Fair* als Managing Director verpflichtet und hatte damit erstmals eine einflussreiche Position im New Yorker Journalismus inne. In der Redaktion des Magazins traf er u.a. auf Dorothy Parker, mit der ihn bald eine enge freundschaftliche Beziehung verband (in englischen Quellen ist von »work spouses« die Rede). Im Umfeld der beiden bildete sich zu dieser Zeit der »Algonquin Round Table«, ein legendärer Zirkel von Journalist:innen, Autor:innen und Schauspieler:innen, die sich im New Yorker Algonquin Hotel trafen. Neben Benchley und Parker gehörten etwa Robert Emmet Sherwood, Harold Ross, George S. Kaufman, Ruth Hale, Alexander Woollcott und Edna Ferber zur Gruppe des »Algonquin Round Table«. Als Dorothy Parker 1920 von *Vanity Fair* nach Auseinandersetzungen mit der Leitung des Magazins gefeuert wurde, kündigte Robert Benchley seinen Job aus Solidarität.

Im Lauf der 1920er und 1930er Jahre schrieb Benchley als freier Autor und Kolumnist für diverse amerikanische Magazine, darunter *Life* und *The New Yorker*, für den er ab 1929 auch als Theaterkritiker tätig war. Zugleich entdeckte er das neue Medium des Films für sich und war als Drehbuchautor, Dialogschreiber, aber auch als Schauspieler an zahlreichen Produktionen beteiligt. Hollywood wurde neben der New Yorker Zeitungswelt zu seiner zweiten beruflichen Heimat. Besonders erfolgreich war Benchley im Genre des »Shortfilms«: Der Kurzfilm *How to Sleep*, für den er das Drehbuch verfasst hatte und in dem er selbst die Hauptrolle spielte, wurde 1935 mit einem »Academy Award« ausgezeichnet. »Shorts« wie *How to Train a Dog* sind bis heute Klassiker der Genres und haben Generationen amerikanischer Komiker:innen geprägt.

Als Filmschauspieler arbeitete Robert Benchley bald für die großen amerikanischen Studios (Metro-Goldwyn-Mayer, Columbia, Universal) mit den Stars seiner Zeit zusammen: etwa mit Joan Crawford und Fred Astaire im Filmmusical *Dancing Lady* (1933) oder mit Clark Gable und Jean Harlow in *China Seas* (1935), der unter dem Titel *Schwarze Fahnen über China* auch in Deutschland Erfolge feierte. 1940 übernahm Benchley eine Rolle in Alfred Hitchcocks *Foreign Correspondent:* »I had no intention of acting in the picture«, verkündete Benchley nach Veröffentlichung des Films, »but Hitch decided that anyone who looked as funny as I did should appear on the screen and had me write a part in for myself.« Mit wenigen Ausnahmen spielte Benchley, der sich als Comedian in verschiedenen Formaten einen Namen gemacht hatte, in Komödien, Filmmusicals und Tanzfilmen, während seine schriftstellerische Tätigkeit, zu seinem großen Bedauern, weitgehend zum Erliegen kam. Erfolge mit Filmen wie *You'll Never Get Rich* (1941 an der Seite von Fred Astaire und Rita Hayworth) oder *The Sky's The Limit* (1943, mit Fred Astaire und Joan Leslie) konnten ihn nicht darüber hinwegtrösten, dass er der Überzeugung war, seiner eigentlichen Bestimmung, dem Schreiben, nicht gerecht geworden zu sein.

Am 21. November 1945 starb Robert Benchley in New York an den Folgen einer Leberzirrhose. 1960 wurde er mit einem Stern am »Walk of Fame« in Hollywood geehrt. – Wer sich ausführlicher für das Leben des Journalisten, Schauspielers, Autors und Humoristen interessiert, findet in Billy Altmans

Laughter's Gentle Soul: The Life of Robert Benchley
(1997) eine lesenswerte Biographie.

Robert Benchleys Erzählungen und Sketches wurden zunächst in Zeitschriften wie *Vanity Fair*, *DAC News*, *Life* und *The New Yorker* veröffentlicht und später in Sammelbänden erneut abgedruckt: *Of All Things* (1921), *Love Conquers All* (1922), *Pluck and Luck* (1925) und eine ganze Reihe weiterer Bände, die allesamt kongenial von Gluyas Williams illustriert wurden, festigten Benchleys Ruf als brillanter Humorist und New Yorker Original. Nach seinem Tod wurden immer wieder neue Zusammenstellungen seiner Texte veröffentlicht. Bis heute gilt er in den Vereinigten Staaten als stilistischer Großmeister und Klassiker satirischen Schreibens. Während mehrere Bände mit Übersetzungen ins Französische erschienen sind – etwa eine Zusammenstellung seiner Weihnachtserzählungen unter dem Titel *Pourquoi je déteste Noël* –, wurden im deutschsprachigen Raum bislang nur einzelne Texte von Robert Benchley in Zeitungen und Zeitschriften gedruckt. Mit den Übersetzungen von Thomas Bodmer liegt erstmals ein Buch mit Texten des Autors auf Deutsch vor.

Ein Nachleben war Robert Benchley nicht nur durch wiederholte Neuauflage seiner Werke beschieden: Sein Sohn Nathaniel Benchley (1915–1981), der mit Humphrey Bogart befreundet war, trat als Schriftsteller und Journalist in die Fußstapfen des Vaters. In den 1950er Jahren kümmerte Nathaniel Benchley sich um dessen Werk, indem er den Band *The Benchley Roundup* (1954) zusammenstellte und eine umfangreiche Lebensgeschichte veröffentlichte (*Robert Benchley. A Biography*, 1955); er trat aber auch selbst als Romancier und als Autor von Kinderbüchern hervor. Sein Sohn Peter Benchley (1940–2006) führte die Schreibtradition der Familie um eine weitere Generation fort. Der Roman *Jaws* aus dem Jahr 1974 war ein veritabler Bestseller und wurde ein Jahr darauf mit Roy Scheider, Robert Shaw und Richard Dreyfuss in den Hauptrollen verfilmt: *Jaws*, im Deutschen *Der weiße Hai*, gehört bis heute zu den stilprägenden Klassikern der Filmgeschichte. Der Wiener Milena Verlag hat den Roman kürzlich in einer Übersetzung von Vanessa Wieser neu aufgelegt. So lässt sich mit *Warum ich Weihnachten hasse* und *Weißem Hai* nun das Werk von Großvater und Enkel erstmals gemeinsam auf Deutsch entdecken.

Anmerkungen

7

Harper's Young People: ein amerikanisches Magazin für Kinder, mit vollem Namen *Harper's Young People. An Illustrated Weekly*, das zwischen 1879 und 1899 vom New Yorker Verlag Harper & Brothers herausgegeben wurde; in den letzten Jahren seines Bestehens änderte sich der Name des Magazins zu *Harper's Round Table*, bevor es kurz vor der Jahrhundertwende eingestellt wurde. Die wöchentlich erscheinenden Nummern enthielten Erzählungen und Gedichte, aber auch Sachtexte für Kinder, eine Leserbriefseite, Rätselaufgaben und – vor Weihnachten – eine Rubrik wie »Books suitable for holiday presents«.

8

Schlangenbisse: Im Jahr 1889 verabschiedete das American Institute of Homeopathy eine Resolution gegen die Verwendung von Alkohol in Arzneimitteln, nahm Whisky als Mittel bei Schlangenbissen aber ausdrücklich davon aus. Auch in anderen Quellen wird Whisky zur Behandlung bei Schlangenbissen – nicht nur für Menschen, sondern auch für Nutztiere – empfohlen.

10

elfhundert Meilen: entspricht in etwa eintausendachthundert Kilometern.

vier Inches: entspricht in etwa zehn Zentimetern.

14

Benjamin Franklin, Ulysses S. Grant und Rutherford B. Hayes: Benjamin Franklin (1706–1790), Wissenschaftler, Schriftsteller und Staatsmann, war einer der Gründerväter der Vereinigten Staaten von Amerika; Ulysses S. Grant (1822–1885), Oberbefehlshaber der Nordstaaten im amerikanischen Bürgerkrieg, von 1869 bis 1877 Präsident der Vereinigten Staaten; Rutherford B. Hayes (1822–1893), lange Zeit Gouverneur von Ohio, von 1877 bis 1881 Nachfolger von Grant im Amt des US-Präsidenten. Gemeinsam repräsentieren sie eine stolze Ahnenreihe der USA, die Benchley hier aufs Korn nimmt.

15
The Wayside Chapel: ein zunächst 1873 veröffentlichtes Klavier-
stück (»A Reverie for the Piano«) von G. D. Wilson; als Tempoanga-
be ist in der Partitur »Very slow« vermerkt.

zehn Meilen: entspricht in etwa sechzehn Kilometern.

17
Weltausstellung in Chicago: Die »World's Columbian Exposition« in
Chicago fand von 1. Mai bis 30. Oktober 1893 statt; der Plan, sie anlässlich des vierhundertsten Jahrestags der Entdeckung Amerikas
im Herbst 1892 zu eröffnen, konnte aufgrund von Verzögerungen
nicht eingehalten werden.

24
mechanischer Neger: im amerikanischen Original »mechanical negro«.
Da die Bezeichnung den Blick der Zeit widerspiegelt, in der der Text
entstanden ist, wurde er in der Übersetzung beibehalten.

28
Tiny Tim: Timothy Cratchit, kurz »Tiny Tim«, ist eine Figur aus
Charles Dickens' berühmter Weihnachtserzählung *A Christmas Ca-
rol* aus dem Jahr 1843. Tims berühmte Sentenz »God Bless Us, Eve-
ry One!« verfremdet Benchley im amerikanischen Original zu »God
help us, everyone!«.

36
Reformgesellschaften: Der Begriff der »Reform Societies« oder »Reform Movements« bezeichnet in Nordamerika v.a. im 19. Jahrhundert verschiedene Bewegungen und Initiativen, die sich außerparla-
mentarisch für politische und gesellschaftliche Themen einsetzten
(Sklaverei, Frauenrechte, Religion etc.).

45
Town and Country: das älteste regelmäßig gedruckte »General In-
terest Magazine« der Vereinigten Staaten; 1846 als *The National
Press* gegründet und wenig später in *The Home Journal* umbe-
nannt, lautete der Name des Magazins ab 1901 *Town and Country*.
Während die Zeitschrift zu Beginn v.a. literarische Texte und Es-
says enthielt, nahm mit der Zeit der Anteil von Klatsch und Tratsch
über die nordamerikanische Upper Class zu.

69

Keist: im amerikanischen Original lautet der Name des Ortes
»Nahant«, ein Küstenort in Massachusetts, wodurch sich eine klang-
liche Nähe von »a Nahanted ship« und »a haunted ship« (ein Geisterschiff, ein Spukschiff) ergibt.

73

hessischer Truppen: Am Amerikanischen Unabhängigkeitskrieg (1775–
1783) nahm auch eine nicht unbeträchtliche Zahl deutscher Truppen
teil, meist auf Seiten der britischen Armee, die Soldaten aus deutschen Kleinstaaten im Rahmen von »Subsidienverträgen« als Söld-
ner verpflichtete. Da ein besonders großer Teil davon aus der Land-
grafschaft Hessen-Kassel stammte, wurden sie von den Amerikanern
allgemein »Hessen« genannt.

74

Klüver: ein dreieckig geschnittenes Segel am Bug eines Schiffes (im
amerikanischen Original »jib«). Benchley geht es in dieser Geistergeschichte freilich nicht darum, die Welt der Seefahrt authentisch
zu schildern, vielmehr verwendet er nautisches Vokabular zur Stei-
gerung der irrealen Absurdität der Erzählung.

Quellen

Ein Weihnachtsnachmittag/*Christmas Afternoon*

    In: Robert C. Benchley: *Of All Things*. With Illustrations by Gluyas Williams. Henry Holt and Company: New York 1921.

Richtiges Weihnachten nach altem Brauch/*A Good Old-Fashioned Christmas*
Aufstieg und Fall der Weihnachtskarte/*The Rise and Fall of the Christmas Card*
Onkel Ediths Geistergeschichte/*Uncle Edith's Ghost Story*
Endlich ein Ersatz für Schnee/*At Last a Substitute for Snow*

    In: Robert Benchley: *The Early Worm*. With Illustrations by Gluyas Williams. Henry Holt and Company: New York 1927.

Der Fremdling in unseren vier Wänden/*The Stranger within our Gates*
Noch eine Weihnachtsgeschichte von Onkel Edith/*Another Uncle Edith Christmas Story*

    In: Robert Benchley: *The Treasurer's Report. And Other Aspects of Community Singing*. Drawings by Gluyas Williams. Harper & Brothers Publishers: New York and London 1930.

Inhalt

THOMAS BODMER
geboren 1951 in Zürich, war zwanzig Jahre lang als Verlagslektor tätig, seit 1992 arbeitet er als Herausgeber, Journalist und Übersetzer und hat u.a. Werke von Julian Barnes, Tessa Hadley, James Hamilton-Paterson, Kathy Lette, Maggie O'Farrell und Georges Simenon ins Deutsche übertragen.